जंगल के गुप्त देवता

कहानी अनुराधा कुमार   चित्र पियूष वर्मा

अनुवाद सुषमा रौशन

Tulika

रथ जात्रा के दिन, समुद्र के किनारे बसा पुरी शहर बहुत ही खुश दिख रहा था। मस्ती भरा संगीत हर तरफ़ गूँज रहा था – ढोल, झांझ-मंजीरे, तुरही, सभी... छत पर प्रिया अपनी नानी के साथ, तीन देवताओं के तीन रथ, जगन्नाथ मंदिर से निकलते देख रही थी।

हर साल इसी समय, देवतागण पास ही के गुंडिचा मंदिर की यात्रा करते थे। लकड़ी के पहिए चरचराते हुए... जप करते भक्त रस्सी खींचते हुए... रथ बहुत धीरे-धीरे चल रहे थे। यात्रा में पूरा दिन लग जाएगा।

रंगों की छोटी-छोटी बिंदियाँ चलते, चलते त्रिकोण-सी बन गईं, कुछ-कुछ मंदिर की तरह ही दिखती हुईं। प्रिया को नज़र आ रहा था बलभद्र का लाल और हरा रथ, और सुभद्रा का लाल और काला। उनके भाई जगन्नाथ का रथ था लाल जिस पर चौड़ी पीली धारियाँ थीं।

चटाई पर प्रिया के पास रखी थीं लकड़ी की छोटी-छोटी मूर्तियाँ जो नानी ने उसके लिए खरीदी थीं। ये बिलकुल वैसी ही दिखती थीं जैसी जगन्नाथ मंदिर के अंदर की मूर्तियाँ। हर एक का बड़ा चौकोर-सा सर, छोटी गोल-मटोल फैली बाहें। उनकी आँखें गोल थीं – लाल के अंदर सफ़ेद, और सफ़ेद के अंदर काला। प्रिया ने मूर्तियाँ उठाकर ध्यान से देखा, फिर अपनी नानी से पूछा, "आई, ये भगवान दूसरे भगवानों से अलग दिखते हैं, है न?"

नानी मुस्कुराई। "हाँ, कुछ लोग कहते हैं जब जगन्नाथ जंगलों में रहते थे तो ऐसे ही दिखते थे।"

प्रिया दौड़कर नानी के पास गई और कहने लगी, “मुझे जगन्नाथ की वो कहानी सुनाओ न, आई?”

“जगन्नाथ की कौन-सी कहानी?” नानी ने पूछा। “इतनी ढेर सारी हैं वो तो।”

“वो वाली – जिस में वे जंगल के गुप्त भगवान हैं!”

“हर कहानी की तरह, यह कहानी भी बहुत, बहुत पहले की बात है...” नानी ने शुरू किया, और प्रिया की आखें उत्सुकता से चमकने लगीं। “ओडिशा के पहाड़ी जंगलों में सबर नाम का एक कबीला है। कुछ उसे सओर या सोर भी कहते हैं। जंगल, वहाँ के पेड़, साफ़ बहता पानी, उन्हें जो चाहिए देते हैं। सबर के लोग जानते हैं कि जंगल ही उनका जीवन है...”

“क्या अब भी जंगलों में रहते हैं, ये सबर?” प्रिया बीच में बोल पड़ी।

“हाँ, काफ़ी,” नानी ने जवाब दिया। “हमारी कहानी के समय, वे एक देवता नीलमाधब की पूजा किया करते थे। दूर जंगल में, एक छोटे-से झुरमुट में, पत्थर से बनी उनकी विशाल मूर्ति खड़ी थी। सिर्फ़ सबर ही जानते थे वे कहाँ हैं। नीलमाधब का बड़ा चौकोर-सा चेहरा था, बड़ी-बड़ी आंखें जो सब देखती थीं, और छोटी गोल-मटोल फैली बाहें। वे एक स्तम्भ की तरह, पेड़ों की तरह ऊँचे खड़े थे। कभी-कभी जब उन पर रोशनी पड़ती तो वे आसपास की पहाड़ियों की तरह नीले दिखाई देते।”

ढोल और झांझ-मंजीरों की आवाज़ें और भी ऊँची हो गई थीं, पर नानी और प्रिया सबरों के शांत जंगल में पहुँच चुकीं थीं। यह वह समय भी था जब राजा इन्द्रद्युम्न का एक विशाल साम्राज्य था, सबर कबीले के पास ही। जब उसने एक गोपनीय जगह में बड़े पत्थर से बने देवता के बारे में सुना तो वह उत्सुक हो गया। सो उसने अपने विश्वसनीय मंत्री, बिद्यापति को उसकी छानबीन करने के लिए भेज दिया।

बिद्यापति सबर राज्य में पहुँचा और बिश्वबासु, सबर के मुखिया ने उसका स्वागत किया। बिद्यापति ने पता लगाने की हर तरह से कोशिश की लेकिन मुखिया ने नीलमाधब के बारे में कुछ भी बताने से इन्कार कर दिया। पर बिद्यापति भी एक होशियार और धीरज वाला नौजवान था। वह सबर राज्य में कई महीनों तक रुका और उसने बिश्वबासु की बेटी ललिता से शादी भी कर ली। ललिता ही ने अपने पिता को राज़ी किया कि वे बिद्यापति को उस गोपनीय जगह पर ले जाएँ।

बिश्वबासु आखिर मान ही गया, पर उसने बिद्यापति की आँखों पर पट्टी बाँध दी। चालाक बिद्यापति ने मुखिया के पीछे चलते-चलते रास्ते में राई के दाने बिखेर दिए।

"जल्दी ही हमें पता चलेगा कि बिद्यापति ने ऐसा क्यों किया," नानी ने कहा और प्रिया की आँखें उत्सुकता से और बड़ी हो गईं।

जंगल की घनी घास पर चलने से बिद्यापति को पैरों में गुदगुदी होने लगी, और झूलती टहनियाँ भी उसके चेहरे से छेड़-छाड़ करने लगीं। ऐसा लग रहा था जैसे वे चलते ही जा रहे हैं, चलते ही जा रहे हैं। बिद्यापति को महसूस हुआ कि जंगल और शांत हो गया है। आवाज़ सिर्फ़ उनके चलने से आ रही थी, और अचानक किसी पंछी के चहचहाने से। फिर बिश्वबासु ने रुकने के लिए उसका हाथ थामा, और आँखों से पट्टी उतार दी।

जैसे ही उसने ऊपर देखा, बिद्यापति की तो जैसे साँस ही थम गई। नीलमाधब ठीक वैसे ही थे जैसा उसे बताया गया था, और बिद्यापति ने आज तक ऐसा कोई देवता देखा भी नहीं था। वे एक विशाल स्तम्भ की तरह खड़े थे, आसपास के पेड़ों की तरह। उनका बड़ा चौकोर-सा चेहरा था, बड़ी-बड़ी आंखें जो सब देखती थीं, और छोटी गोल-मटोल फैली बाहें। पेड़ों के बीच में से जब सूरज ने अपनी रौशनी उन पर बिखराई, तो पत्थर की मूर्ति का रंग ही बदल गया। नीलमाधब धुएँ जैसे रंग से गहरे नीले हो गए।

समय बीतता गया। बिद्यापति को लौटना था क्यूँकि उसे पता था राजा इन्द्रद्युम्न उसका इंतज़ार कर रहा था। उसने बिश्वबासु और ललिता से वादा किया कि वह जल्दी ही लौट आएगा। वह बहुत जल्दी लौट भी आया, पर उसके साथ इन्द्रद्युम्न भी था। सबरों के गुप्त देवता को देखने के लिए अब वह और इंतज़ार नहीं कर पा रहा था।

"अब तक राई के बीज अंकुरित हो गए थे," नानी ने कहा, "जैसे कि विद्यापति को पता था! राजा को उस गोपनीय जगह ले जाने के लिए उसे बस सुनहरे फूलों की कतार के साथ-साथ चलना था।"

इससे पहले कि वह जंगल में प्रवेश करते, सबरों का मुखिया अपने आदमियों के साथ वहाँ पहुँच गया। बिशवबासु को राजा इन्द्रद्युम्न के आने का पता चल चुका था, और जैसा कि रिवाज था, वे अतिथि राजा का सत्कार करने आया था।

“मैं तुम्हारा नीलमाधब ले जाने के लिए आया हूँ,” इन्द्रद्युम्न ने घोषणा की। “मेरे राज्य के एक विशेष मंदिर में उनकी पूजा की जाएगी।”

एकदम सन्नाटा छा गया। बिद्यापति तेज़ी से इन्द्रद्युम्न के पास गया और समझाने लगा कि नीलमाधब सबर जाति वालों के हैं। वे कई हज़ार सालों से उनकी पूजा करते आए हैं।

"वे उनके किट्टुंग थे, उनके भगवान," आई ने प्रिया से कहा। "पर राजा ने बिद्यापति की बात की कोई परवाह नहीं की। वो तूफ़ान की तरह जंगल में घुस गया, सीधे झुरमुट की ओर, और उसने क्या देखा?"

मूर्ति गायब!

जंगल सूना-सूना लगने लगा। पक्षी और जानवर भी एकदम खामोश हो गए थे।

राजा समझ गया कि उसे अपने घमंड की सज़ा मिली है। नीलमाधब ने उसके पास जाने से इन्कार कर दिया था। यही सोचते-सोचते इन्द्रद्युम्न अपने राज्य लौट गया। वह अपना पूरा समय प्रार्थना और भगवान से माफ़ी माँगने में बिताने लगा।

"फिर एक रात," नानी ने कहा, "इन्द्रद्युम्न ने एक बहुत ही अनोखा सपना देखा..."

नीलमाधब प्रकट हुए और उन्हेंने कहा, "इन्द्रद्युम्न, लकड़ी का एक कुंदा बहते हुए वहाँ आएगा जहाँ नदी समुद्र में मिल जाती है। अपने आदमियों से वह पवित्र कुंदा उठवाओ और उससे ऐसी मूर्तियाँ बनवाओ जो मुझ जैसी दिखें और उन्हें एक नए मंदिर में स्थापित करो।"

भगवान ने यह निर्देश भी दिया कि बिश्वबासु का परिवार और उसकी आने वाली पीढ़ियाँ उस मंदिर में विशेष पूजा-अनुष्ठान किया करेंगी।

इन्द्रद्युम्न ने समुद्र की ओर जाती नदी में बहते हुए कुंदे को देखा। वह कुंदा महल में लाया गया और उससे तीन मूर्तियाँ तराशी गईं। उन्हें ऐसा बनाया गया कि वे ठीक नीलमाधब की तरह दिखें, जैसा कि राजा ने सपने में देखा था। उनके बड़े चौकोर-से चेहरे थे, बड़ी-बड़ी आँखें जो सब देखती थीं, और छोटी गोल-मटोल फैली बाहें। राजा ने एक विशाल मंदिर बनवाया और उसमें ये मूर्तियाँ स्थापित कर दीं – ठीक वैसे ही जैसे उससे कहा गया था।

“तो फिर नीलमाधब का क्या हुआ?” प्रिया ने पूछा।

“वे अभी भी सबर जाति के भगवान हैं। उनके नीलमाधब ही हैं हमारे जगन्नाथ। वे सबके हैं,” नानी ने हौले से कहा।

"देखा?" उसने सड़क की ओर इशारा किया जहाँ रथ अभी भी धीरे-धीरे चल रहे थे, और छोटे होते जा रहे थे। "रथों को अमीर-गरीब सभी खींच रहे हैं... सभी..."

“पर आई, नीलमाधब की एक मूर्ति, जगन्नाथ, सुभद्रा और बलभद्र की तीन मूर्तियाँ कैसे बन गई?” नानी के बड़ी देर चुप रहने के बाद प्रिया ने पूछा।

“ह्म्म!” नानी मुस्कुराई। “वो कहानी फिर कभी।”

हमारे मिथक शृंखला के मूल में लोकप्रिय तथा हाशिएबंद स्रोतों से ली गई कालातीत कथाएँ हैं, जो घिसीपिटी और गैर लचीली धारणाओं पर बड़ी संवेदनशीलता के साथ सवाल उठाती हैं। ये दोहराई गई कथाएँ, चित्रों और शब्दों के माध्यम से देखने और समझने के भिन्न तरीकों को प्रोत्साहित करती हैं। ये कथन या कहानी सुनाने की मौखिक परंपरा की आत्मा को आगे बढ़ाती हैं और बताती हैं कि कैसे मिथक अपने रूप बदलते हैं और फिर भी जीवित रहते हैं।

Jangal Ke Gupt Devta (Hindi)

ISBN 978-93-5046-891-3

First published in India, 2017

Originally in English

Published by
Tulika Publishers, 24/1 Ganapathy Colony Third Street, Teynampet, Chennai 600 018, India
email tulikabooks@vsnl.com *website* www.tulikabooks.com

Printed and bound by
Rathna Offset Printers, 40 Peters Road, Royapettah, Chennai 600 014, India